La terreur dans les rues analyse l'esprit d'un psychopathe par exemple comme Steven paddock

Conflits et les résolutions à des actes de violence dans nos sociétés.

Éduquer les familles hispaniques en temps de terreur.

Comment comprendre l'esprit d'un psychopathe en temps de violence?

Nery Roman

ISBN-13:
978-1725799554

ISBN-10:
1725799553

Ce livre est consacré avec beaucoup d'amour aux familles hispaniques pour les aider à identifier le psychopathe en temps de terreur.

La grande question à propos de l'horrible massacre de Las Vegas:

Pourquoi?

Le dimanche soir, Stephen paddock, de sa chambre au trente-deuxième étage du Casino de Mandalay Bay, a prudemment exécuté son acte de violence et a abattu plus de 22 000 personnes qui assistaient au concert de musique country. De ses deux fenêtres à l'hôtel madaliy, Paddock abattu de nombreuses personnes innocentes. Au total, 59 personnes sont mortes et plus de 500 blessés, les pires antécédents de violence et de terrorisme dans l'histoire américaine.

Stephen paddock, 64, est le fils de Benjamin Hoskins paddock qui a volé deux banques entre 1959 et 1960. Il a été condamné à 20 ans de prison en 1961, mais s'est échappé en 1968.

Avec son évasion, Benjamin paddock a fini sur la liste du FBI le 18 mars 1969. Deux psychopathes qui font leurs propres, je me demande si les gens qui entourent ces personnages maléfiques, terrifiants et violents ne se rendent pas compte de leurs psychopathes. Comme ils peuvent aussi ajouter Castro le violeur, psychopathe qui a enlevé les 3 filles et ne pas laisser aller pendant des années, jusqu'à ce que l'un d'eux avait le courage d'échapper aux griffes du monstre.

~

En temps de terreur

Ce livre est important pour ceux qui veulent apprendre à analyser l'esprit d'un psychopathe.

Par exemple:

Benjamin paddock a été diagnostiqué comme un psychopathe en 1969 et est tout à fait surprenant. A cette époque, les ressources qui existent maintenant pour diagnostiquer les psychopathes n'existaient pas. En fait, le seul livre sur le sujet a été écrit par un masque de Cordura par Hervey Cleckley. Dans ce livre, nous utilisons la recherche de Cleckley.

Le paddock de Stephen était âgé de huit ans quand son père était en prison.

Stephen paddock a fréquenté l'Université et a travaillé pour la société Lockheed Martin. Cependant, il a placé dans les affaires d'immobiliers et avait fait beaucoup d'argent. Ces dernières années,

il était joueur professionnel.

La question reste donc:

Pourquoi tu l'as fait? C'était un psychopathe?

Après la fusillade, nous pouvons dire que Stephen paddock doit

avoir eu un manque de remords, de culpabilité ou d'empathie: c'est

la seule façon qu'il pouvait tuer tant de gens de sang-froid. Mais est-

ce qu'on savait quelque chose avant dimanche?

Stephen paddock était cinglé ou fou? Mais s'il était, en fait, un psychopathe, c'est ce que je pense qu'il est arrivé: il a gardé un couvercle sur ses tendances toute sa vie.

L'enquêteur a analysé que les psychopathes vont empirer à mesure qu'ils vieillissent.

Peut-être Stephen paddock était comme les tireurs de l'école qui voulaient sortir avec une explosion-sauf attendu jusqu'à l'âge de 64 pour le faire.

Mon travail est de sensibiliser.

Plus nous sommes en paix avec nous-mêmes, plus nous aurons la paix avec les autres.

En temps de terreur

Introduction

Freud utilise un concept pour expliquer les modèles récurrents et contre-productifs dans les comportements auto-destructeurs qui sont appelés **"compulsions répétitives"**. Freud et Einstein dans le livre "instinct et survie", expliquez dans leurs lettres qu'il n'y a pas de bête noire que nous ne nous dominons pas. Les réponses à tous les conflits peuvent être résolues en nous-mêmes, en comprenant chacune et en construisant des énigmes que nous pouvons survivre. Les mystères des êtres humains et de leurs comportements sont en nous, en tant qu'individus, nous contrecarrons nos craintes et nos aspirations. Nous avons tous la tendance à la concurrence, à la nécessité de soins, le désir de se connecter et être libre. La réponse est la façon dont nous contrecarrons nos craintes et nos aspirations; L'unité de rivaliser et de prendre soin de nous-mêmes. Einstein et Freud ajoutent: «plus nous avons de paix avec nous-mêmes, plus nous pouvons apporter de paix aux autres.»

Conscience du psychopathe:

L'objectif principal de cet auteur est de sensibiliser au sujet du psychopathe entre les hommes et les femmes. Ce livre d'information rendra plus simple pour les hommes et les femmes, en particulier les familles d'identifier psychopathes et les agresseurs socialement qualifiés. Ce livre est une combinaison de recherches et d'échantillons de l'expérience de vie personnelle de l'auteur traitant avec un psychopathe.

Il va également définir les caractéristiques des psychopathes en fournissant des exemples pour identifier leur monde et quelles sont les menaces de ceux qui nous entourent. Comment prévenir une attaque de serpent silencieux; Savez-vous qui ils sont? L'objectif principal est de montrer aux lecteurs comment reconnaître le psychopathe de différentes caractéristiques et comment les différencier des autres. Il est important de trouver le vrai visage invisible derrière votre sourire.

Ce livre est basé sur des preuves et montre des exemples d'abus sexuels et psychopathes (trouble de la personnalité). Comment survivre à l'attaque d'un psychopathe? Il est possible si nous nous éduquons suffisamment, en fournissant des exemples avec des détails de leurs personnalités dysfonctionnelles. "le passé de cet écrivain est un nouvel avenir pour les familles." Malheureusement, quand un enfant est sans surveillance ou quelqu'un considéré comme «familier», nous pouvons faire confiance, les choses se produisent. "nous devons ouvrir les yeux quand il s'agit de la terreur, la violence et les prédateurs." Ne faites pas confiance à tout le monde quand il s'agit de vos enfants.

Pour parvenir à la résolution du conflit, il faut être informé. Cet écrivain a aidé beaucoup, en particulier les femmes, à conseiller pour survivre à une attaque. La chose la plus importante est d'apprendre à protéger nos enfants. Prévention: nous éduquer à nous-mêmes cela signifie la protection. Nous devons nous éduquer afin d'offrir un meilleur avenir à nos enfants. Je voudrais partager mes valeurs en tant qu'êtres humains sont l'humilité, la famille, la véracité, l'intégrité, l'unité, l'amour, les soins et la compassion envers les autres. Dans l'esprit d'un psychopathe, pas la moitié De ces valeurs existent. L'ignorance est le pire cauchemar quand il s'agit d'un vrai psychopathe.

Je les aide ensemble à reconnaître les traits et les caractéristiques du psychopathe, sur la base de mon expérience personnelle. Ce n'était pas une tâche facile d'écrire ce manuscrit, mais en même temps il est très instructif. Le livre est divisé en différentes sections. Les chapitres sont basés sur des explications, la *littérature et les caractéristiques des psychopathes. Les signes importants des psychopathes sont les suivants: communications orales, mensonge, facteurs de risque, manipulateurs, violence dans les écoles, psychopathe féminin, une petite explication de la androcentrism, les agresseurs d'experts sociaux, Conséquences psychologiques et résolution des conflits sur la façon de traiter avec les psychopathes et les agresseurs d'experts sociaux.*

Table des matières:

I.   ***Carl Jung ~ l'ombre:***

*Carl Jung dans son livre **"les méchants font ce que les bons rêvent"***

*Explique comment Tout le monde a un **Ombre** Dans le cadre de*

l'inconscient qui domine nos désirs refoulés, les faiblesses et nos instincts animaux. Jung explique que moins nous reconnaissons notre < <*sombra*> >, Moins est incarné les consentements à la vie de l'individu, cet excédent peut devenir plus noir et plus dense. Plus nous nions notre **Mauvaises pensées**, nous risquons davantage d'être contrôlés par eux. Dans de nombreux cas, comme nous pouvons voir la terreur à Las Vegas, jusqu'à présent, seul un dispositif psychopathe s'inscrit, il semble que Stephen paddock avait un besoin qui motive à assassiner les autres. Il a vécu sa vie par hasard. Lorsque nous pensons à un psychopathe (termes qui sont souvent utilisés comme synonymes selon le contexte clinique ou social), nous avons tendance à penser à Ted Bundy ou un tueur en série notoire: quelqu'un capable de torturer et de manipuler les gens pour le plaisir de le faire. Mais les psychopathes en fait sont souvent trouvés à bord des esprits comme celui des présidents ou des dirigeants de Les entreprises, c'est-à-dire les personnes qui doivent fonctionner de manière parfaite dans la société.

Les psychopathes ne sont pas seulement des assassins, il avoue que depuis l'enfance M.E. Thomas fantasmé de tuer son père de ses propres mains, ainsi que d'étrangler les gens qu'il a vu dans sa routine scolaire, ou de noyade des bébés dans la piscine comme un enfant; Même s'ils n'accomplissent pas ces fantasmes, les sociopathes se divertissent en eux sans conséquences. Le divertissement moins sain, cependant, se compose de < Somer people <; en palabras de Thomas: < je sais que mon cœur est plus noir et plus froid que la plupart des gens; c'est peut-être pour ça que je suis tenté de rompre le tien > >.

Le psychopathe est un désordre de la personnalité, manifesté en soi et d'autres, peut inclure des comportements malhonnêtes et manipulateurs; Pour les analystes, les psychopathes peuvent être manipulatrices, charmants, narcissiques, et manquent de remords et de contrôle de leurs propres impulsions. Robert Hare, un psychologue criminel, a conçu un test en 1980 pour le diagnostic de psychopathe, qui est encore utilisé pour déterminer si un criminel peut aller en liberté sous caution ou mérite des pénalités plus sévères. Longtemps Il ya quelques années, Hare lui-même a prétendu que < < est quatre fois plus susceptibles de trouver un psychopathe au sommet de l'échelle de l'entreprise que de le trouver dans le bureau du concierge > >.

Dans le livre < confessions d'un sociopathe > >, M.E. Thomas décrit dans la première personne le problème dans un psychopathe qui est un avocat, travaillant sur un programme prestigieux, professeur d'université et psychopathe dans le temps de loisirs. Bien qu'il soit une personne «normale» à l'extérieur, Thomas questionne les fondements mêmes de la normalité en confessant qu'il fantasme constamment sur le meurtre des gens, au départ de ses amis quand ils ont des problèmes personnels et cessent de regarder drôle, En plus de la lutte constante contre les périodes d'auto-destruction.

Carl Gustav Jung, l'un des fondateurs de la psychologie et psychanalyste moderne utilisé pour expliquer que nous buvons tous de la même source. Il explique dans sa théorie que, au cours de notre vie, nous essayons d'être des individus «uniques» et indépendants, mais une partie de notre mémoire est partagée avec toute l'humanité. Peu importe la culture ou le sexe, nous cherchons tous l'idéal Beauté, de la divinité de la musique. La société est responsable de concrétiser dans ces idéaux, et comment se manifester dans la réalité. Par exemple, le bonheur: il y a un certain nombre d'exigences qui, si elles ne sont pas remplies, ne nous permettent pas d'accepter consciemment le fait que peut-être nous sommes déjà heureux. De telles exigences ne sont pas absolues et changent de génération en génération. La personne, Jung utilisé pour classer comme le progrès individuel en quatre étapes: la première était la personne, le masque que nous utilisons tous les jours, en prétendant ce que nous ne sommes pas. Nous pensons que le monde dépend de nous-mêmes, que nous sommes les meilleurs parents, les amants, les amis, ou les ennemis. Nous sommes les meilleurs patrons et le rêve de l'être humain tout entier est d'arrêter de travailler et de voyager toute notre vie. Certaines personnes pensent que c'est ce qui ne rentre pas dans leur vie, ils passent à une phase suivante: l'ombre.

L'ombre:

Carl Jung explique que «l'ombre» est notre côté noir qui dicte comment nous devons agir et se comporter. En essayant de se débarrasser de "la personne", en nous, nous pouvons nous enflammer et nous obtenons de voir les toiles des araignées, la lâcheté, l'égoïsme, l'envie et d'autres choses. Beaucoup de surmonter ce qu'ils ressentent ou comment Ils agissent en disant: «il est vrai que j'ai beaucoup de défauts, mais je suis digne, et je veux aller de l'avant. À ce moment, l'ombre s'estompe et nous nous joignons à l'âme. Ce n'est pas lié à la religion, mais au monde et au savoir. Les instincts commencent à décliner, les émotions deviennent radicales, les signaux que nous envoyons dans la vie sont plus importants que la logique. Nous permettons cette manifestation ou cette idéalité, qui peut nous apporter de sérieux problèmes, parce que ce n'est pas la réalité. Les idéaux que nous créons négativement dans nos esprits peuvent créer des problèmes pour nous. Les psychopathes créent souvent des pensées négatives ou illogiques de la vie pour combler leurs lacunes. La chose la plus importante pour eux est de remplir leurs âmes ou leur vie pour être heureux dans leur monde irréel.

II. qu'est-ce que le psychopathe?

Psychopathe est un état psychologique dans lequel l'individu montre une grande **L'empathie pour les sentiments des autres, et la nécessité de s'engager dans un comportement immoral et antisocial pour faire des gains à court terme.** Les psychopathes souffrent également de l'auto-centrage, le narcissisme, sans craindre les conséquences négatives d'une nature criminelle ou des comportements risqués qui pourraient être relativement graves pour eux ou eux, beaucoup sont insensibles à la punition. Sans craindre d'être arrêté pour comportement criminel ou sanctions sociales. Les psychopathes sont des prédateurs et toute personne qui peut nourrir leurs besoins à tout moment peut devenir une proie potentielle. Un point de grande inquiétude est que beaucoup d'entre eux sont des personnes responsables du soin et de la surveillance de leurs victimes. Le 20 novembre 1989, l'Assemblée générale des Nations Unies a adopté la Convention relative aux droits de l'enfant, proclamant les droits élémentaires des enfants dans le monde.

Les psychopathes ont un risque plus élevé de participer à ce qu'ils appellent des agressions réactives et instrumentales. L'agression instrumentale (parfois appelée proactive) est planifiée et contrôlée avec des objectifs, et est utilisée dans un but particulier, par exemple: pour obtenir de la drogue ou du sexe, ou tout simplement pour établir la domination sur quelque chose. L'objectif principal n'est pas nécessairement de blesser les autres, pour eux est tout simplement d'obtenir des résultats souhaités qui les rendent heureux ou qu'ils remplissent leur ego. D'agression se pose une réaction émotionnelle qui est calculée comme un outil. L'agressivité réactive, d'autre part, est beaucoup plus impulsive et est basée sur *les émotions de la perception d'une menace ou d'une attaque ou d'une colère incontrôlée (Schouten, 2012).*

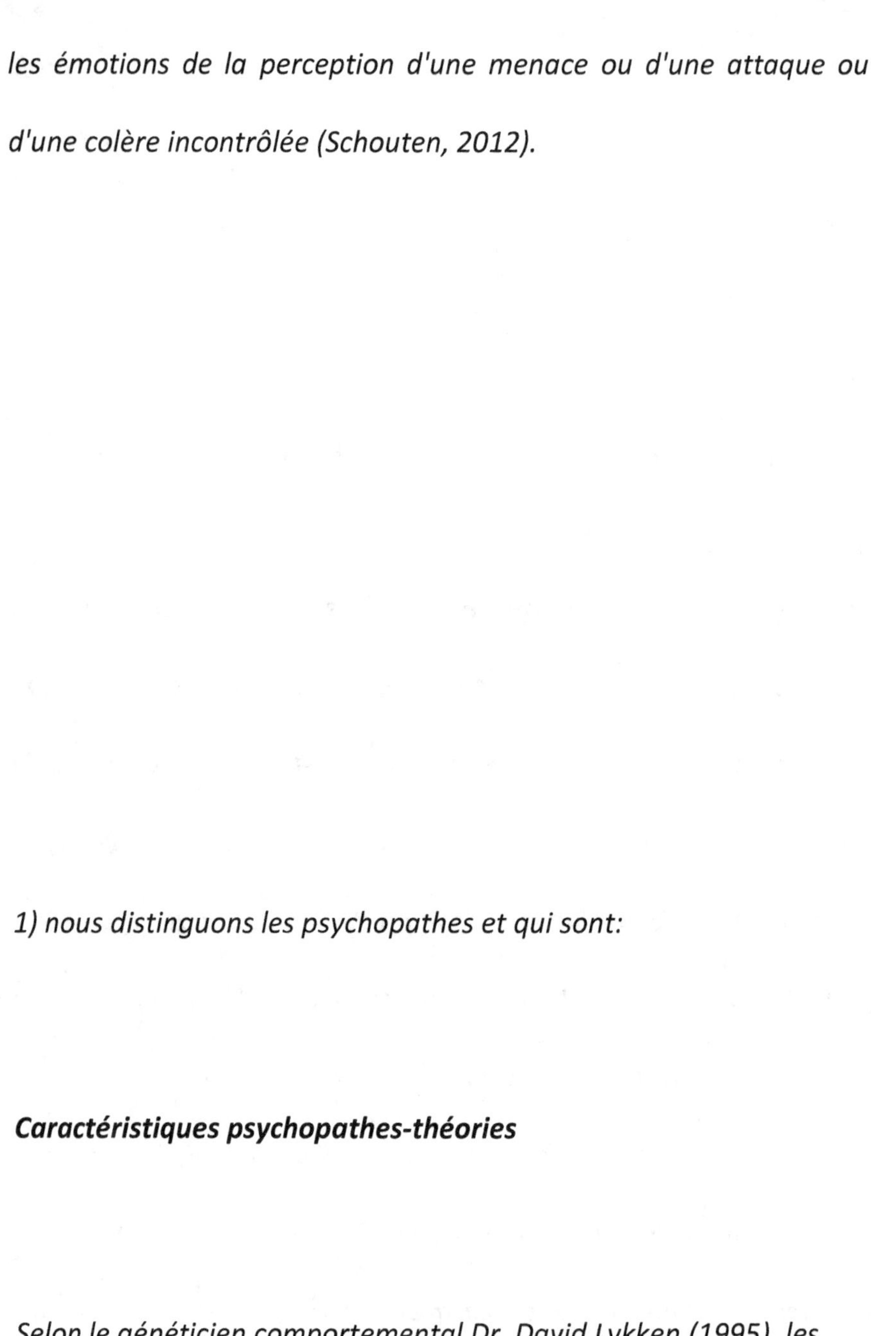

1) nous distinguons les psychopathes et qui sont:

Caractéristiques psychopathes-théories

Selon le généticien comportemental Dr. David Lykken (1995), les psychopathes font partie d'autres capricieux et aliénés. Cet auteur explore l'histoire de la maltraitance physique et sexuelle de l'enfance, et les différentes personnalités et catégories dans le psychopathe. Les études cérébrales expliquent que les psychopathes ont des activités cérébrales anormales. Le psychopathe est défini comme une constellation affective, interpersonnelle et des symptômes comportementaux caractérisés par un individu manipulateur, avec naïf, irresponsable, égoïste, insensible, impulsif, agressif, sans empathie et avec peu de remords ou Culpabilité à la suite d'un comportement nuisible et anti-social (Hare, 2003).

Pourquoi cette recherche est-elle importante? Cette recherche est basée sur l'expérience personnelle de l'écrivain vivant avec un psychopathe. Cette recherche pourrait également aider les personnes qui ont été victimes de différents abus, la violence dans les écoles et comment arriver à comprendre et à identifier les personnalités psychotiques et les caractéristiques de ces personnes avant qu'il ne soit trop tard. Neumann (2007) analyse le psychopathe comme l'un des troubles de la personnalité les plus reconnus. Ce document représente une enquête comparative entre les femmes et les hommes et le comportement psychopathe. Hare (2003) mentionne qu'il est important que davantage de recherches soient faites pour identifier les traits psychopathes entre les deux sexes et comment le syndrome se manifeste. Psychopathe peut être due à sa relation significative avec la violence, l'agression, et d'autres pathologies (Hare, 2003). Cet auteur utilise différentes théories qui se développent pour aider à expliquer les fondements de ce trouble de la personnalité; Et, ce faisant, plusieurs influences possibles qui facilitent l'apparition d'un trouble de la personnalité psychopathe. Le but du livre est d'informer les lecteurs d'une manière facile et descriptive différents facteurs de psychopathe par Exemple dans l'environnement familial, les facteurs neurologiques, et les facteurs de prédiction psychopathe.

De Karpman (1941) article fondamental la distinction entre les psychopathes primaires et secondaires constitue la base d'une recherche plus poussée sur les théories et leurs variantes. Il est important de reconnaître Karpman (1941) théories de l'association entre le primaire et le secondaire psychopathe. Plusieurs fois, les *psychopathes veulent tout; Ce sont des narcissiques, des déviants et des tricheurs. Les psychopathes sont mauvais, et beaucoup sont immature. Les psychopathes peuvent être classés comme des chasseurs traquant une proie, en premier lieu, ils trouvent toujours le bon endroit pour la chasse, d'autre part, ils identifient la proie, capturer la proie et, enfin, ils font leur terrible mal et les actes diaboliques.*

Comme Karpman (1941), la principale différence est basée sur l'étiologie. Karpman (1941) théorisé que les psychopathes sont caractérisés par un déficit affectif qui est congénitale secondaire, tandis que les psychopathes sont caractérisés par un trouble affectif qui se développe à la suite d'interactions nuisibles avec le **Environnement**. *Certains psychopathes montrent des signes de psychopathe Traits primaires et de personnalité tels que égocentrique, manipulateur, tromperie, et manque de remords envers leurs victimes et l'univers. Karpman (1941) dit que les psychopathes secondaires présentent leurs symptômes comme une adaptation émotionnelle à des facteurs nocifs dans leurs foyers.*

Karpman (1941) a soutenu que les psychopathes secondaires développent des traits psychopathes dans un effort pour faire face à ces conditions défavorables telles que l'abus et le rejet des parents. Une partie de la raison de l'abus est fondée sur des facteurs tels que l'alcoolisme, l'abus et la négligence familiale. Les parents qui ont une dépendance à l'alcool ou des drogues sont plus susceptibles d'avoir des enfants qui développent des psychopathes et d'autres incapacités neurologiques.

Karpman (1941) ont théorisé que les psychopathes primaires et secondaires peuvent différer dans leur noyau affectif et leurs relations interpersonnelles, et que leur niveau d'impulsivité et d'agressivité peut varier. Karpman (1941) a soutenu que le psychopathe secondaire qui conduit avec lui, la dépression, l'anxiété et le caractère de névrose ne sont pas présents dans le psychopathe.

Le Dr Hare (1999) décrit les psychopathes comme des prédateurs qui utilisent le charme, la manipulation, l'intimidation et la violence pour contrôler les autres et pour répondre à leurs propres besoins égoïstes. Beaucoup utilisent la persuasion pour obtenir ce qu'ils veulent, utilisant le charme pour intimider et manipuler. Cette attitude impeccable, la manipulation et le charme sont utilisés pour montrer aux autres que vous pouvez faire confiance, en posant comme des gens moraux. Les psychopathes sont habiles à dire une chose et faire un autre et dire aux gens ce qu'ils veulent entendre pour acheter du temps pour leur prochain plan. Ils pourraient être très influents envers les autres. Leur incapacité à former des accessoires ou de l'empathie pour les autres (entre autres) les résultats de psychopathe.

Karpman (1941) considère également que les psychopathes primaires ont une «conscience absente», tandis que les psychopathes secondaires ont une «conscience troublée». Comme Karpman (1941), les psychopathes secondaires éprouvent le même niveau élevé d'hostilité en tant que principal comme psychopathes, mais ils restent les psychopathes secondaires capables d'éprouver des émotions humaines supérieures telles que l'empathie, la culpabilité, l'amour ou désir d'acceptation. Les psychopathes primaires sont moins impulsifs que les psychopathes du lycée. Karpman (1941) suggère également que les psychopathes primaires agissent souvent instrumentement pour maximiser leur propre avantage ou excitation, tandis que les psychopathes secondaires agissent souvent de manière réactive sur des émotions telles que la haine et la vengeance.

Karpman (1941) considère cette réaction comme le résultat du psychopathe secondaire qui sous-tend le conflit névrotique. Pouvez-vous demander ce qu'il est: "conflit névrotique?" Selon Freud en général, une névrose représente un cas où l'ego des efforts pour faire face à ses désirs par la répression, le déplacement, etc. non. En outre, il peut être associé à un désordre, tel que le hypocondrie ou le neurasthénie, dérivé de la blessure organique apparente ou du changement et des symptômes tels que l'insécurité, l'anxiété, la dépression, et les craintes irrationnelles, mais sans symptômes psychotiques, tels que des illusions ou Hallucinations.

Karpman (1941) la théorie situe cette tâche pour une nouvelle exploration de l'hypothèse unitaire construite à l'origine de psychopathes de 70% plus élevé que le psychopathe primaire 58%.

Trois des signes les plus importants: ils sont abondants dans la communication orale, les fibres et la manipulation.

1) **Communications orales:**

Les psychopathes savent qu'ils sont différents, l'un des points importants est qu'ils sont grands dans la communication orale et peut sauter dans n'importe quelle conversation sans timidité. Par exemple, l'un des nombreux signes est qu'ils peuvent parler aux gens, un psychopathe est en mesure de participer à une conversation sans se sentir honteux. Certains d'entre eux sont motivés avec de grands talents pour lire les commentaires des gens et se faire de nouveaux amis et être sûr qu'ils obtiennent ce qu'ils veulent de chaque ami ou parent. Il est très facile pour eux de collecter des informations sur les autres et aussi de trouver ce que vous aimez et ce que vous n'aimez pas. Il ne fait aucun doute qu'ils seront également en mesure de connaître leurs besoins, leur unité, leur attitude, leurs faiblesses et leurs vulnérabilités. Ils ont une sagesse de vie que nous n'avons pas, parce qu'il est utilisé pour leur propre progrès. Le monde pour eux est un jeu, et tout ce qu'ils ont à faire est de déplacer les jouets autour de gagner.

Vous pouvez également changer les touches, et de connaître le mal "jeux" de ces individus. Quelle que soit la situation, ils ne prennent jamais la responsabilité de quoi que ce soit et ne se trompent jamais. La plupart des psychopathes agissent comme s'ils étaient les victimes et que nous sommes les méchants; Ils ne comprendront jamais pourquoi, ils cherchent juste à combler leurs besoins. Les psychopathes sont forts à certains égards, mais ignorants dans d'autres. Ils ne peuvent pas comprendre pourquoi nous avons cessé de leur parler, ou ce qu'ils ont fait de mal. J'étais un bon ami, cousin, frère, soeur? Pourquoi on a l'air mauvais? La réponse est simple, vous pouvez lire ce livre, ainsi que d'autres livres écrits, nous avons eu l'occasion de savoir qui vous êtes.

Après avoir quitté ma famille pour faire le bien, nous avons déménagé à un état différent. En ce moment, nous ne divulguons pas l'information à des fins de sécurité seulement. Dans cette nouvelle vie, nous avons rencontré un couple de personnes qui nous ont assuré qu'ils étaient nos nouveaux «amis». Mon mari a aimé et a apprécié de nombreuses visites à sa maison ainsi qu'à la nôtre. Un jour, au milieu de ces visites, nous sommes confrontés à un grand incident qui a marqué notre amitié pour toujours. Lors d'une fête invitée par eux, Nous avons acheté quelques boissons, en particulier sangria et d'autres épiceries alimentaires. À la fin de la fête, nous n'avons pas trouvé la sangria, ni la nourriture n'importe où. À l'arrivée, mon mari a remarqué que certains des produits que nous avons achetés pour la fête étaient encore dans la voiture. Le psychopathe avait pris la sangria et tous les autres pour l'emmener avec lui une fois qu'il a terminé la fête sans rien nous dire à ce sujet. Pourquoi? Les psychopathes jouent à un jeu, et ils veulent toujours être les gagnants. Après avoir acheté tous ces articles, le moins que je pouvais faire était de le laisser à la fête que nous avons convenu pour tout le monde à apprécier. C'est un exemple typique de désordre de comportement dans le psycho, la nécessité de toujours gagner et obtenir quelque chose pour eux, à leurs propres risques. Au fait, après cet incident, il n'a plus jamais vu nos cheveux. Vous ne savez jamais ce que votre prochaine escroquerie ou psychopathe sera de gagner du profit en utilisant et outragé des autres.

Deuxième mensonge:

Pourquoi mentent-ils? C'est dur de voir le mensonge, mais ce n'est pas impossible. La plupart des gens ne perçoivent pas leurs mensonges, qui sont basés sur le psychopathe. Mentir sert de nombreuses fins, par exemple, Pour soulager la méfiance et les soucis des victimes, et pour renforcer leur réalité fiction. Comme mentionné dans son livre Snakes in costume, ils sont des artistes dans la création de leurs histoires et des explications convaincantes. Ces histoires artistiques peuvent convaincre les autres avec des divertissements et des explications. Ces individus psychopathes sont immortels en ne montrant pas des sentiments, ils ne peuvent pas se sentir, ils n'ont aucun visage, ils n'ont aucune émotion, et peuvent projeter leurs histoires sans expressions faciales. Hare (2003) a été précis quand il dit: il est «artiste» pour créer ses histoires et des explications convaincantes. La clé primaire Pour comprendre psychopathe regarder en arrière à votre miroir et vous devez trouver. Non seulement sont-ils des artistes, mais les interprètes se distinguent également. Plus de livres devraient être écrits avec un autre auteur d'expériences psychopathes.

La seule façon de savoir et de découvrir qui ils sont est de lire et d'apprendre plus de livres et de comprendre les définitions de la charmante, artiste, charismatique, hors de la boîte et de voir comment ils sont vraiment, les psychopathes. Nous devons aussi nous rappeler qu'ils sont des psychopathes et des menteurs. La plupart des humains ne Vous pouvez voir à travers les mensonges, mais si vous vous concentrez sur le **"détail"**, Nous verrons leurs vraies identités.

Lièvre et Babiak Ils expliquent que mentir et convaincre les autres et l'utilisation du charme est fait afin de renforcer un climat de confiance, d'acceptation, qui peut devenir un véritable délice. Ils savent comment plaire aux autres en leur disant ce que les autres veulent entendre Alagando et créer un monde faux, entre mensonges et gloires. Ils deviennent maîtres du mensonge, tandis que d'autres croient qu'ils sont ils sont un exemple pour la société. Leur but principal dans la vie est de créer l'acceptation, tandis que d'autres croient tout ce qu'ils disent. Cela les motive et leur donne le pouvoir de continuer à mentir.

3 ª) les manipulateurs:

Les psychopathes sont d'excellents manipulateurs, et ils savent très bien qui ils peuvent manipuler à leur gré. Le demi-frère a utilisé la manipulation pour créer un climat de confiance parmi la famille, y compris ma mère qui a fait confiance à tout ce qu'il a dit. Il avait tant confiance en ce qu'il lui a donné le **Pouvoir de sa vie**, et juste à cause de cela, elle a fini dans une maison de soins infirmiers, à l'hôpital qu'elle haïssait, et où elle n'a jamais voulu Télécharger. Quand j'ai appelé avant de mourir pour le sortir, c'était trop tard, le psychopathe avait fait le sien, et il est parti pour mourir.

Elle a été votre victime pour lui faire confiance, ne jamais faire confiance à ces maniaques, vous pouvez mettre fin à votre vie. Ils vont après leurs buts, et peu à peu ils obtiennent ce qu'ils pensent est le leur. Sans sentiments ou émotions, ils pensent pouvoir continuer à faire ce qu'ils veulent. **Il est de votre devoir de ne pas arrêter jusqu'à ce que vous obtenez ce que vous voulez**. C'est vrai, les psychopathes n'abandonnent pas jusqu'à ce qu'ils gagnent la bataille, et ils ont ce dont ils ont besoin pour faire croître leur ego. Ce qui est la même chose que ce qui se passe avec les jeux. Leur esprit et leur façon de penser peuvent être comparés à un jeu de société, **Manipulation de vos mouvements**. Ils sont manipulateurs, c'est leur nature de profiter des autres, même de commettre des abus contre leurs victimes, même si elles sont des enfants. Si nous les avons sous surveillance, il est plus difficile pour eux de nuire à leurs victimes, mais si personne n'est en alerte, leur objectif est plus facile. Parfois, ces manipulateurs recherchent des enfants, car ils n'ont jamais appris à se rapporter positivement à d'autres adultes. C'est le moment où le danger commence, et que nous devons nous tenir debout. Membres de la famille Ils doivent être conscients que les manipulations se produisent souvent à différents points de transition dans la vie de l'enfant.

4 ª *facteurs de risque infantile*

Je me suis souvenu quand on était petits, combien ça me dérange. Le psychopathe me tiendrait les pieds pour me tenir tranquille, incapable de marcher dans la maison et me fit pleurer beaucoup. Elle a toujours vécu effrayée, très timide à l'âge de cinq ans. Le psychopathe se souciait tellement que j'avais l'attention de ma mère et de toute la famille. Il l'a toujours dérangé que j'étais plus fort que lui, même si j'étais le petit dans la maison. Beaucoup d'enfants grandissent avec des problèmes et des sentiments d'abandon. Ce que je pouvais entendre mes oncles un jour, c'est qu'il avait du mal à socialiser avec les autres. Leurs problèmes ont commencé à un âge très précoce, et je suis sûr que ma mère savait tout en fonction de ses actions et le cacha. J'étais trop jeune pour remarquer quoi que ce soit. Psychopathe peut apparaître plus tard *dans la vie, certains sont déjà nés avec ce trouble de la personnalité.*

Le vrai problème est le modèle persistant de comportement anti-social dans l'enfance et l'adolescence. Le frère psycho quand l'adolescent tendait à violer les normes sociales, l'agressivité envers les animaux ou d'autres enfants était évident, il aimait aussi détruire les écoles et les rues. La destruction de la propriété, la tromperie, le vol, et les violations graves des règles sont quelques-uns des symptômes dans le psychopathe. Il y a six Diagnostics différents dans le DSM-IV du comportement antisocial infantile:

1. *Troubles du comportement impliquant une série de comportements agressifs envers les personnes ou les animaux, la destruction de biens, l'absentéisme, un modèle de tromperie, et/ou de graves violations des normes à la maison ou à l'école.*

2. *Le trouble négatif Defiant (impair)-ces enfants et adolescents présentent souvent un modèle de comportement désobéissant et provocant, y compris la résistance aux figures d'autorité, quoique pas aussi sérieux*

que le désordre comportemental. Cela comprend des problèmes récurrents de tempérament, des discussions fréquentes avec les adultes, et des preuves de colère et de ressentiment. En outre, l'enfant/adolescent difficile tente souvent d'ennuyer les autres.

3. Trouble du comportement perturbateur non spécifique (DBD-nos)-c'est une catégorie pour ceux qui montrent des CDs et Strange, qui ne satisfont pas aux critères diagnostiques.

4. Trouble adaptatif: altération mixte des émotions et du comportement, c'est une matrice de comportements antisociaux et les symptômes émotionnels que dans les trois mois à partir d'une situation stressante et ne répond pas aux critères des troubles mentionnés.

5. Trouble d'adaptation: avec altération comportementale: Cette option est similaire à d'autres troubles d'ajustement, mais avec des comportements antisociaux.

6. Comportement antisocial de garçon, de fille ou d'adolescent -cette catégorie est de comportements

antisociaux isolés qui ne sont pas indicatives d'un trouble mental.

Mineurs abus de compétences sociales:

"enn Psychopathe invente la réalité pour répondre à ses besoins» (Grondahl, 2006).   Cette recherche écrivain sur les catégories psychopathes personnalité ne diffèrent pas beaucoup de l'histoire de la violence physique ou sexuelle dans l'enfance;

Cependant, une proportion plus élevée de psychopathes secondaires soutiennent une histoire d'abus physique et sexuel. Cleckley (1988) mentionne que s'il est jugé à la lumière de sa conduite, de son attitude, ou du matériel obtenu en examen psychiatrique, il ne montre aucun sentiment de honte. Cet écrivain de sexe masculin plus âgé n'a pas montré d'émotion ou de soins après l'abus ainsi que pas de signes de repentance, et est resté immobile que rien ne s'est passé. Cleckley (1988) explique que les psychopathes sont toujours pleins de vulnérabilités, dont chacun sécherait encore plus impitoyablement les représentants de l'homme commun. Cependant, il n'a pas, malgré ses protestations de pouvoir, montré la moindre preuve de grande humiliation ou de repentance (Neumann, 2007).

Ce frère aîné écrivain mâle manque des normes morales et humaines. Son comportement a toujours été celui de la supériorité. Sa réalité a été construite à son avantage, sans regret ni les conséquences de ses actes. Cet écrivain peut pleinement apprécier et mieux comprendre grâce à cette recherche psychopathe, un trouble de la personnalité; Dans le cadre de leurs actions et de leur comportement; Un opportuniste et un psychopathe qui sont libres de faire ce qu'il voulait, il s'en est sorti avec. C'est un psychopathe classique. Hare (1999) mentionne que les psychopathes manquent de conscience et de sentiments pour les autres, que le sang froid ce qu'ils veulent et faire ce qu'ils veulent, violer les normes sociales et les attentes sans le moindre sentiment de culpabilité ou de regret.

Des recherches récentes indiquent qu'il existe un lien entre la personnalité trouble psychopathe et une certaine forme de violence sexuelle adolescence (Shohov, 2002). Shohov (2002) désigne aussi, la relation entre l'enfant et le Sicopatía ennuyeux est beaucoup moins claire. Sur la base des résultats de la recherche, nous pouvons soutenir que certains délinquants sexuels peuvent être classés comme des psychopathes sexuels, des déviations sexuelles criminelles dont le comportement est dirigé à divers profils des victimes et que Sont motivés principalement par l'excitation et l'occasion (Shohov, 2002). Une recherche qui contribue à une meilleure compréhension de ces personnes et à l'amélioration de ce processus. Un facteur qui contribue de manière significative à la délinquance générale et le comportement déviant sexuel en particulier, est la constellation de fonctionnalités sait comment psychopathe (Shohov, 2002). Pour les psychopathes sexuels, ils prétendent que c'est l'élément sexuel et que la victime de type qu'ils sont en général ou à ce moment particulier objet de l'émotion violente (porter 2000).

Porter (2000) a émis l'hypothèse que les individus sont des psychopathes surreprésentés délinquants qui offensent sexuellement une variété de victimes. Le système de classification le plus élémentaire des délinquants sexuels distingue les violeurs et les agresseurs d'enfants (Shohov, 2002). Les agresseurs d'enfants sont des opportunistes, dans les conditions et les paramètres pour commettre leurs crimes. Les agresseurs recherchent des cibles faciles, principalement des enfants, qui ils connaissent et ont une relation avec. L'auteur de ce demi-frère mâle a vu l'occasion de satisfaire son appétit sexuel et l'a emporté. Abandonné sans surveillance parentale, son psychopathe Les prédispositions ont été facilitées pour lui, s'il vous plaît. D'autre part, dans le cas du psychopathe la subsistance primaire: le mensonge, sans réactions physiologiques. Mentir est votre arme principale. Mentir est la justification de leurs patrons qui ont le droit de faire du mal et le fait de mentir est aussi naturel que la respiration. Quand ils sont pris dans un mensonge, ils essaient de s'échapper en créant plus de mensonges.

Qui sont les "stylistes professionnels?" sont les premiers à être amusés avec les adultes dans le but exprès de permettre l'accès gratuit à des enfants innocents, mais ignorant des adultes (Van Dam, 2006).. Les agresseurs d'enfants gravitent également autour de ceux qui sont plus susceptibles d'être trop gentils pour se défendre d'eux, trop timide et désireux de leur dire de partir, trop dépendant d'être énergique et très impressionné par le rang, la puissance, La condition sociale, ni l'argent pour faire la bonne chose (Van Dam, 2006).. Les agresseurs d'enfants s'associent délibérément avec des adultes incapables de faire face à ces problèmes. Ils recherchent des adultes qui se soucient de blesser les sentiments des autres. Comme des adultes charmants qui ne pensent pas que ça puisse arriver. Barrage (2006) mentionne dans son livre "Society Les enfants qui sont à risque accru d'abus sexuel par ces coiffeurs canins sont des enfants, entourés par des adultes qui ne peuvent pas l'estomac apprennent au sujet de la molestation d'enfant, des enfants (Van Dam, 2006).. Ces adultes, par conséquent, peuvent être accidentellement plus susceptibles d'accueillir les agresseurs d'enfants dans leurs foyers, organisations ou communautés, ignorer les tests, résoudre les problèmes, et parler de croire soupçons possibles (Van Dam, 2006).. Les agresseurs d'enfants qui sont accros à avoir des relations sexuelles avec des enfants sont donc plus susceptibles de comparaître chaque fois que les enfants se rencontrent. Parfois, tout ce que vous devez faire est d'aller dans un chat et de mettre en place un rendez-vous avec un enfant sans autorisation parentale. Les enfants non gardiens sont plus rapidement victimes d'abus d'enfants qui sont constamment protégés par les parents. Quelques stylistes professionnels prennent soin un pas plus loin et toilettent des personnes hors de la maison. Par exemple, la manipulation des amis, de la famille, des connaissances, des compagnons et des professionnels; Soit pour encourager les situations où ils peuvent déranger ou créer des aides qui sont aidés dans leur défense si elles sont capturées. La propreté de l'environnement social reste même après qu'un criminel admet ou est Condamné. Dans ce cas, le demi-frère délinquant a offert de prendre soin de sa petite sœur de l'abuser. Le rejet comme moyen d'échapper à la situation. C'est une caractéristique de plus de délinquants sexuels et les agresseurs d'enfants leur nie ce qu'ils faisaient.

Cet écrivain est de donner un exemple de demi-frère malade et la toilette. Il s'agit d'un fragment de l'histoire qui se réfère à la manipulation. Il est important de comprendre que les psychopathes sont extrêmement manipulateurs. Qui souffrent d'un trouble de la personnalité et les agresseurs d'enfants petits amis leurs victimes.

Le bâtard demi-frère, a continué avec ses abus à plusieurs reprises à un âge avancé. Qu'est-il arrivé quand il a déménagé à Madrid, en

Espagne. Le demi-frère n'a jamais été un frère à se soucier de sa petite sœur. Il ne me promènera jamais ni ne me parlera. Jusqu'au jour où il a commencé la coiffure de la victime et l'abus. Quand j'étais enfant, personne n'a prêté beaucoup d'attention à cet écrivain, à l'exception de certains cousins de Madrid. Ma mère et mon père n'étaient pas le type de conversation typique, et je n'ai pas beaucoup d'attention à moi-même. Le frère aîné est toujours allé à son propre et n'a jamais prêté beaucoup Attention à moi. Par conséquent, le psychopathe savait qu'il allait réussir dans ses abus, il a été une tâche facile pour lui. J'étais dans les mains du poison, le diable.

À l'âge de onze et treize ans mon développement avait changé très rapidement et le demi-frère réalisé, et jusqu'à ce jour Lla Je ne parle jamais, juste pour me toucher. Dégoûtant. Mais pour beaucoup dans cette société, je pourrais être une personne charmante, je compare le kidnappeur des 3 femmes dans l'Ohio, Castro. Le frère qui ne m'a jamais parlé, a commencé à me parler de Superman. Enfant, j'adorais Superman et j'avais même une photo de lui dans ma chambre. Il m'a parlé de Superman et m'a dit des choses très gentilles sur lui, et il allait m'acheter une plus grande affiche de Superman pour moi. Comment malade que effronté, ceux qui parlent avec le mendiant n'ont pas le pardon de Dieu. Le processus de toilette a pris une semaine ou deux, puis a commencé à enlever mes vêtements. À l'âge de onze ans, cet écrivain n'avait aucune idée de ce qu'il voulait. Peu à peu, il a enlevé ses vêtements et abusé de moi à l'âge de onze, douze, treize, quatorze, quinze et dix-sept ans. L'enfant corrupteur a presque six ans de plus que cet écrivain; À ce moment-là Ce qui s'est passé était probablement dix-sept, dix-huit, dix-neuf et vingt-deux. Il savait ce qu'il faisait. Il utilise pour montrer des magazines pornographiques à l'âge de onze ans et on me demande d'ouvrir ma jambe et d'élever les filles dans les magazines. Ce n'est pas qu'un pédophile, un rasoir, un psychopathe, mais un salaud. Il ne va pas avoir sa petite soeur ou n'importe qui, les enfants ne sont pas nés pour être maltraités. Toilettage s'est arrêté à l'âge de quatorze ans, et il semble qu'il se lassait de ce jeu et un jour, il essaie de me jouer devant ma mère et son frère aîné. Le grand frère a dit: "les petites soeurs n'ont pas touché." Ma mère l'a vu et a réalisé ce qui se passait et m'a mis dans un centre de garderie essayant de l'arrêter. Ma mère n'a jamais rien dit à mon père, car elle savait qu'ils l'auraient tué. Ce n'était pas la bonne chose car il a continué à abuser. C'est un cochon et le diable. Je pourrais survivre en vivant parmi les animaux sauvages parce que je suis meilleur qu'eux, et c'est ma décision de ne pas devenir un animal comme eux. Le demi-frère devrait être en prison. Mais grâce à ma mère qui est de protection reste un danger pour la société et pour les jeunes enfants.

Comme un enfant qui a souffert des abus sont moins qualifiés pour décoder les expressions faciales. Les enfants qui ont été maltraités étaient moins habiles à décoder les expressions faciales des émotions et ont été classés comme moins compétents socialement

Lien avec d'autres survivants: l'effet:

Parce que la victime se concentre sur les questions d'identité et

d'intimité, qui se sent souvent comme une deuxième adolescence. Le

survivant qui a grandi dans un environnement abusif a en fait nié la

première adolescence et manque souvent les compétences sociales

qui se développent pendant cet état de vie. La maladresse de la

conscience et la conscience du moi normal qui font l'adolescence tumultueuse et douloureuse sont souvent amplifiées chez les adultes survivants, qui peuvent avoir honte de leur «arrière» dans l'acquisition des compétences que D'autres adultes . Le style d'adaptation des adolescents peut également être important pour le moment.

Parler avec les enfants de la violence:

Conseils pour les parents et les enseignants

Les actes de violence qui reçoivent beaucoup de publicité, en particulier ceux qui se produisent dans les écoles, peuvent confondre et effrayer les enfants qui peuvent sentir qu'ils ou leurs amis et leurs proches sont en danger. Ils s'adresseront aux adultes pour les informer et savoir comment réagir. Les parents et le personnel scolaire peuvent aider les enfants à se sentir en sécurité en établissant un environnement de normalité et de sécurité et en parlant avec eux de leurs craintes.

1. rassurez-les qu'ils sont en sécurité. Les écoles soulignées sont des endroits sûrs. Pour donner la validité à leurs sentiments; Il est important de comprendre que toutes sortes de sentiments sont acceptables lorsqu'une tragédie survient. Laissez vos enfants vous parler de leurs sentiments, les aider à mettre ces sentiments dans la perspective, les aider à exprimer correctement ces sentiments.

2. accommodements et donne le temps de parler. Laissez les questions de l'enfant vous guider, et écoutez les informations fournies. Sois patient. Ils ne veulent pas toujours parler librement de leurs sentiments. Gardez la montre pour remarquer les signes que vous voulez parler, tels que le vol stationnaire lorsque vous lavez la vaisselle ou faire des corvées dans le jardin. Certains enfants préfèrent s'exprimer par écrit, jouer de la musique ou réaliser un

projet artistique. Les enfants plus petits peuvent avoir besoin d'activités spécifiques pour les aider à identifier et exprimer leurs sentiments (comme le dessin, la visualisation de livres avec des images ou des jeux imaginaires).

3. maintenir les explications appropriées pour le niveau de développement.

• *Premières classes de l'école primaire ces élèves ont besoin d'informations simples, brèves et équilibrées qui assurent que les foyers et les écoles sont des endroits sûrs et que les adultes les protégeront.*

• *la fin de l'élémentaire et du début des classes moyennes ces élèves seront plus verbaux, se poser des questions sur la question de savoir s'ils sont vraiment sûrs et précisément ce qu'ils traversent dans leurs écoles. Ils peuvent avoir besoin d'aide pour séparer les fantasmes de la réalité. Discutez avec eux des efforts déployés pour offrir des écoles sûres aux leaders scolaires et communautaires.*

▪ *niveaux intermédiaires et secondaires tardifs ces élèves auront des opinions fortes et variées sur les causes de la violence dans les écoles et la société. Ils partageront des suggestions concrètes sur la façon d'améliorer la sécurité scolaire et de prévenir les tragédies dans la société. Mettre l'accent sur le rôle que joue l'étudiant dans le maintien de la sécurité scolaire en suivant les directives de sécurité (par exemple, ne pas donner accès à l'école à des étrangers, faire rapport à l'inconnu à l'école, signaler les menaces à la sécurité de l'école Fait par des étudiants ou des membres de la Communauté, etc.). Ils doivent communiquer les inquiétudes concernant la sécurité personnelle des administrateurs et profiter du soutien aux besoins émotionnels.*

4. revoir les procédures de sécurité. Les règlements et les protections devraient être inclus dans l'école et dans les ménages. Aider les enfants à identifier au moins un adulte à l'école et dans la collectivité auquel ils pourraient avoir recours s'ils se sentent menacés ou en danger.

5. *Observez le statut émotionnel des enfants. Certains enfants n'exprimeront pas leurs inquiétudes verbalement. Peut être la preuve du niveau d'anxiété ou de préoccupation des enfants changements dans le Comportement, appétit, et les habitudes de sommeil. Chez la plupart des enfants, ces symptômes seront réduits par*

Donnez-leur la sécurité et au fil du temps. Cependant, ils peuvent courir le risque de réactions intenses chez certains enfants. Les enfants qui ont vécu des expériences traumatiques ou personnelles antérieures, ceux qui souffrent de dépression ou d'autres maladies mentales, ou ceux qui ont des besoins spéciaux, peuvent être exposés à un risque accru de réactions graves. Si vous avez des inquiétudes, vous devriez demander l'aide d'un professionnel de la santé mentale.

6. limiter l'observation de ces événements à la télévision. Limitez ce que vous voyez à la télévision et soyez conscient de la télévision sur certains lieux communautaires. Il peut causer l'anxiété et la confusion de l'information qui est inapproprié pour le niveau de développement de l'enfant, en particulier pour les jeunes enfants.

Les adultes doivent également être conscients du contenu des conversations qui mènent avec les enfants présents, même devant les adolescents, et les limiter à écouter des commentaires vengeurs, haineux, et en colère parce qu'ils peuvent mal comprendre.

7. Maintenez une routine normale. Il peut asegúrales et promouvoir la santé physique en maintenant une routine normale. Veiller à ce que les enfants Dormez suffisamment, mangez régulièrement et faites de l'exercice. Encouragez-les à se tenir au courant des tâches et des activités extra-circulaires, mais pas par la force, parce qu'ils se sentent submergés.

Suggestions de points d'accentuation lors de la conversation avec les enfants:

- *les écoles sont des endroits sûrs. Ils collaborent avec les parents pour les protéger. Tous Unis, les employés de la L'école et la sécurité publique (police locale, services d'incendie, travailleurs d'urgence, hôpitaux, etc.).*

- *Le bâtiment scolaire est sûr parce que... (se référer aux règlements spécifiques à l'école).*

- *Nous jouons tous un rôle dans la sécurité scolaire. Faites attention et de communiquer avec un adulte si vous voyez ou entendez quelque chose qui vous inquiète ou provoque des nerfs ou de la peur.*

▪ *Ce n'est pas la même chose de signaler que les commérages ou les mouchards. Vous pouvez fournir des informations importantes que vous avez entendues ou vues, que vous pouvez prévenir en donnant, ou en communiquant directement ou anonymement avec un adulte de confiance*

▪ *Ne regardez pas les pires possibilités. Bien qu'il n'y ait aucune garantie absolue que rien de mauvais ne se produira jamais, il est important de faire la distinction entre la possibilité de quelque chose se passe et la probabilité que cela affectera notre école.*

▪ *Il est difficile pour tout le monde de comprendre la violence insensée. Il peut nous aider à se sentir mieux et à s'éloigner des soucis de l'événement en faisant des choses que nous aimons, le maintien de la routine normale, et d'être avec les amis et la famille.*

▪ *Parfois, les gens font de mauvaises choses qui blessent les autres. Peut-être qu'ils ne pouvaient pas gérer la colère, ils étaient sous l'influence de la drogue ou de l'alcool ou peut-être qu'ils souffraient d'une maladie mentale. Beaucoup d'adultes (parents, enseignants, police, médecins, chefs spirituels, etc.) travaillent dur* pour les aider à les empêcher de nuire aux autres. Il est important que nous sachions tous comment demander de l'aide si nous nous sentons très bouleversés ou de la colère et de ne pas s'éloigner de la drogue et l'alcool.

- *Éloignez-vous des armes à feu ou autres. Si vous savez que quelqu'un a une arme à feu, notifié un adulte. Un des facteurs de risque les plus importants pour la violence mortelle est l'accès aux armes.*

- *la violence n'est jamais une solution aux problèmes personnels. Les étudiants peuvent faire partie d'une solution positive en participant à des programmes de lutte contre la violence dans les écoles, en apprenant les compétences de médiation des conflits et en recherchant de l'aide aux adultes s'ils ou un partenaire éprouvent des difficultés avec iras, La dépression, ou d'autres émotions qu'ils ne peuvent pas contrôler.*

La relation perturbée:

Dans un climat interrompu dans la relation avec l'enfant fait

face à un formidable développement. J'ai dû trouver un Façon de

sauver ma vie maintes et maintes fois, qui est une partie de la résolu tion. J'ai dû trouver un moyen de développer un sentiment de confiance et de sécurité de base avec tout ce qui m'entoure. Développer mon propre sens en moi-même, par rapport à d'autres personnes qui ont été négligentes, impitoyables, ou cruelles pour moi. J'ai dû développer mon propre corps auto-régulation dans un environnement où mon corps était disponible pour quelqu'un dans la famille, mon frère au milieu. Comme une petite fille, je ne savais pas ce qui se passait pour moi et ce qu'ils me faisaient; J'ai dû créer une atmosphère de **Initiative** Que je pourrais réaliser, entre la conformité avec l'abus et l'agresseur. D'autre part, l'agresseur doit faire de même; Son travail de cachette est redoutable, être un psychopathe, seulement il pouvait le faire.

Je me sentais abandonnée, sans pitié; Essayer de trouver la confiance en moi, afin de préserver l'espérance et le sens dans ma vie. J'ai survécu, tout comme beaucoup de gens en captivité qui sont soumis à des mauvais traitements doivent subsister sur les abus, la négligence et la terreur. Je ne savais rien de la vie, ma famille ne m'a jamais parlé, à l'âge de huit et neuf ans, je ne pouvais pas courir, mais plusieurs fois essayer. J'ai dû rester À la maison et de penser qu'il n'y avait rien de mal avec mes parents et la négligence psychologique, il n'y avait rien de mal à l'abus sexuel. Que cela faisait partie de ma croissance, ce n'était pas l'amour, pas d'amour, pas même d'une manière différente. Ayant vécu dans mon pays d'origine, pris en charge par mes tantes et grands-mères, je me suis rendu dans un nouveau pays où j'ai été négligé par mes parents, me donnant entre les mains du diable. Tragiquement, ma seule évasion était d'accepter la douleur, l'abus et d'endurer l'agonie.

Lorsqu'il est maltraité, on se sent par inadvertance coupable et honteux; La raison est l'âge, je ne pouvais pas juger entre le bien et le mal. C'est arrivé quand j'avais huit ans, quand l'enfant commence à se développer. Cet écrivain ne pouvait pas comprendre ce que mon frère faisait avec mon corps et pourquoi? Cet écrivain était très jeune, timide et sans protection de ses parents.

J'ai pu survivre sans renoncer à l'espoir d'une vie meilleure, sans abus. Donc, je crois aux gens qui écoutent, se battent et

comprennent mon histoire. J'ai trouvé de la compassion Entre amis et étrangers, plus que dans ma propre famille de sang. J'ai aussi été capable d'exercer la compassion pour les autres et d'apprendre à vivre une vie sans douleur.

Liée à la dissociation est sexuelle "engourdissement", qui est le résultat d'un enfant désireux de son corps à engourdir contre indésirables lors de l'excitation tactile (Scott, 2008). Malheureusement, ce mécanisme de défense peut se traduire par un sentiment de dissociation désirée lors de l'activité sexuelle avec un être cher plus tard dans la vie.

Quand les femmes ont été agressées sexuellement comme des enfants, les séquelles peuvent être puissantes. Les relations actuelles peuvent être affectées négativement. Donner et recevoir une intimité émotionnelle ou physique est souvent compromis. Les craintes d'une femme peuvent projeter ses sentiments à ses enfants.

En outre, d'autres troubles tels que le résultat de graves abus dans l'enfance sont la dépersonnalisation et le désordre. Cela peut être physique, émotionnel ou sexuel.

Les conclusions de l'année 2002 indiquent que l'abus émotionnel particulier est un prédicteur fort du désordre de dépersonnalisation dans La vie adulte, ainsi que la dépersonnalisation comme un symptôme d'autres troubles mentaux, l'analyse d'une étude de 49 patients diagnostiqués avec le trouble de dépersonnalisation indique des scores plus élevés que les sujets contrôlant le montant total de la violence émotionnelle et Pour résister à la plus grande sévérité de ce type d'abus (Scott, 2008). Les chercheurs ont conclu que la violence émotionnelle a été relativement négligée par les psychiatres par rapport à d'autres formes de traumatismes infantiles (Scott, 2008).

Trauma: conseils et brèves données

1. le traumatisme est un problème grave. Environ 35 millions enfants ont connu au moins un événement qui pourrait Causer un traumatisme infantile (enfant et adolescent, 2012). Environ 72% de la

Les enfants et les jeunes des États-Unis auront connu au moins un événement stressant (p. ex.

Ils seront témoins ou victimes de violence; Ils subiront des sévices sexuels, physiques ou émotionnels; Subira une

Une blessure ou un état pathologique grave; Souffrira de la mort d'un père ou d'un frère) avant l'âge de 18 ans

(Deryck, Silver, & Prause, 2014).

2. le traumatisme peut avoir un impact durable. Les traumatismes infantiles peuvent augmenter le risque de souffrir

Problèmes psychologiques, comportementaux ou émotionnels (dépression ou troubles du stress Post-traumatique [SSPT]), toxicomanie, faible succès professionnel ou échec scolaire, insuffisance sociale et mauvaise santé.

3. il existe plusieurs types de traumatismes, dont les suivants:

☐ *Violencia en la comunidad, doméstica y en la escuela.*

☐ *Abuso físico y sexual.*

☐ *Negligencia.*

☐ *Trauma complejo (varios eventos traumáticos y un impacto grave).*

☐ *Trauma de la primera infancia (cualquier evento traumático que experimenten niños de entre 0 y 6 ans).*

☐ *Trauma médico.*

☐ *Desastres naturales.*

☐ *Trauma debido al terrorismo, por ser refugiado o debido a encontrarse en una zona de guerra.*

☐ *Pérdida traumática.*

4. Si un enfant perçoit l'événement comme menaçant, l'enfant est plus susceptible d'être laissé

Traumatisés. Ces perceptions de la menace sont influencées par (1) la nature de l'événement

La crise elle-même, (2) l'exposition à la crise, (3) les relations avec les victimes de la crise, (4) les réactions

Des adultes face à un traumatisme et (5) une variété de facteurs de vulnérabilité individuels/personnels.

5. facteurs de risque de traumatisme. Certaines caractéristiques sont associées à une augmentation de la probabilité de subir un événement traumatique, comme le suivant:

- ✓ Proximité d'un événement traumatisant.
- ✓ Dernière exposition à un traumatisme.
- ✓ Problèmes mentaux actuels ou passés ou la présence d'un handicap.
- ✓ La toxicomanie ou la maladie mentale des parents.

✓ *Soutien social limité ou isolement.*

✓ *Stress Familles.*

✓ *Perte ou la peur de perdre un être cher.*

✓ *Caractéristiques Dans le Communauté.*

✓ *niveau de développement.*

✓ *Niveau de pauvreté.*

6. réactions communes au traumatisme: choc ou incrédulité, peur, tristesse, culpabilité/honte, douleur, confusion, pessimisme ou colère. Dans la plupart des cas, ces réactions sont temporaires et diminuent au fil du temps.

7. signes d'avertissement. Si l'un des symptômes suivants ne diminue pas avec le temps, s'il a un impact sérieux sur la capacité de l'enfant à participer à des activités normales ou si Des changements importants sont perçus, il peut être nécessaire de faire référence à un professionnel de la santé mentale.

▪ *Interruption ou isolement des relations avec les pairs.*

- *Manque général d'énergie ou le manque d'intérêt pour les activités que vous avez utilisé pour profiter.*

- *Relations de famille tendues (augmentation du mauvais comportement, attaque des membres de la famille, refus de participer à des routines familiales normales)*

- *Diminution du rendement scolaire, éviter d'aller à l'école, difficulté à se concentrer.*

- *Des plaintes physiques sans cause apparente.*

- *Pour faire face de manière incorrecte (consommation de drogues ou d'alcool, agression grave)*

- *Cauchemars récurrents et signaler de fortes craintes à la mort, la violence, etc.*

- *représenter de façon répétitive des événements traumatisants.*

- *Faible estime de soi, parler négativement de soi-même (si ce n'était pas apparent avant ou un traumatisme).*

- *Problèmes de sommeil (difficulté à s'endormir ou à rester endormi) et manger.*

- *Stimulation accrue (facilement étonnée ou en colère rapidement), agitation, irritabilité ou agressivité.*

- *Régression comportementale (succion du pouce, miction nocturne, dépendance, peur des ténèbres).*

8. les écoles jouent un rôle important dans la réduction de l'impact d'un événement traumatique

Chez un enfant. Les enfants passent la majeure partie de la journée à l'école, où les adultes s'engagent à les aider. Les éducateurs peuvent aider les enfants en leur fournissant la structure d'une routine régulière en leur fournissant un endroit sûr pour partager leurs préoccupations, en étant attentif à la Des indices dans l'environnement qui peuvent déclencher une réponse traumatique et offrir un soutien supplémentaire.

Conclusion: résolution des conflits:

Cet écrivain est un doctorat en résolution de conflit, la chose

la plus importante pour une résolution est de laisser toute

l'irritation, la colère, le ressentiment, l'ennui, et la déception. Il n'y a pas grand-chose que nous pouvons faire pour notre passé, mais nous pouvons changer notre avenir le Enfants à prendre soin d'eux. Qui m'a aidé à écrire ce livre et collecter toutes les informations. L'expérience m'a aidé en tant que victime à voir l'autre côté de la réalité, la réalité de l'agresseur et le psychopathe. Pour des raisons pratiques, la plupart des gens dépendent de la façon dont les gens doivent agir. L'expérience de traiter avec l'agresseur d'un enfant et psychopathe m'aide à comprendre clairement ses extensions de tromperie, qui sait comment se cacher derrière son masque et la manipulation font de lui un expert quand il s'agit d'obtenir l'acceptation des autres. Peu importe combien de fois je peux expliquer mon histoire, seuls les autres comprennent que quand ils se rencontrent face à face avec le prédateur et même lorsque nous faisons face à des prédateurs, nous pourrions ne pas être en mesure de voir à travers eux. En raison de leur psychopathe, ils sont difficiles à capturer. Le contrevenant a toujours caché la vérité sur lui-même des autres. Il a aussi délibérément révélé des parties de sa vie qui réduiraient les soupçons. Il a appris à lire d'autres réactions et manomètre quand d'autres pourraient être suspects. C'est un tricheur habile. Les gens qui travaillent avec lui dans le journal doit apprendre les étapes de base pour reconnaître sa tromperie délibérée. La résolu tion de cette écriture était d'écrire ce livre pour créer Conscience sur la base de ses expériences personnelles avec un psychopathe. Dans le même temps, cet écrivain a été en mesure d'apprendre sur la base de la recherche quelles sont les caractéristiques d'un psychopathe. Cette recherche m'a ouvert les yeux sur cet écrivain et les lecteurs. Comme les alcooliques délinquants sexuels ne guérit jamais. La relation avec eux devrait être fondée sur le scepticisme. Chance (1995) fait valoir que la plupart des enfants comportements anti-sociaux sont causés par l'insuffisance parentale pauvres absence parents et les mères négliger leurs enfants. Peut-être que l'enfant les frustre ou peut-être leurs compétences parentales sont subnormals et dans les deux cas, l'enfant agit (Chance, 1995). Chance (1995) appelle ces enfants psychopathes, avec leurs quelques meilleures compétences sociales à la maison et à l'extérieur. Il est de la responsabilité des parents de le faire, et là où les parents ne le font pas, l'enfant avec les traits peuvent exprimer par la violence (Chance, 1995). L'opinion de l'auteur, les enfants enclins à psychopathes peuvent être guidés par de bons parents par des traits en faveur des formes sociales. Ils vivent dans toutes les cultures. Karpman (1948) considère que, par conséquent, seuls les psychopathes secondaires sont sensibles au traitement parce que leur comportement est acquis et sur la base d'un conflit Sous-jacent et donc posséder la capacité de vivre des vies morales et éthiques. Il est clair que ces types de stratégies (qui consistent également à mentir, tricher, tricher, etc) sont très couramment utilisés par les psychopathes dans la vie quotidienne, et fonctionne généralement bien pour eux, surtout quand il s'agit d'accéder à leurs pairs et les ressources nécessaire à la survie (Hare, 1993). Les parents, le cas échéant, les formes sensibles, enseignent aux enfants le danger potentiel d'abus et comment les prévenir. Soyez conscient des signes d'avertissement, comme un changement soudain dans le comportement de l'enfant, qui peut être un signe qu'il ya un problème et nous devons être attentifs à un enfant de sentiments instables et d'identifier leur origine (Scott, 2008).

Cette écriture est un cheminement personnel de recherche et d'analyse sur le psychopathe, a conduit à une découverte et une révélation dans le diagnostic des deux frères et sœurs masculins et le désordre de personnalité. Ce désordre a été reconnu ou diagnostiqué par cette écriture après l'expérience et vivant avec le psychopathe. Lorsque vous êtes un enfant innocent, il est très difficile de comprendre ce qui se passe autour de vous, cet écrivain a été rempli d'angoisse mentale et les conséquences psychologiques. Résolution des conflits dans ce La situation ne peut se produire que lorsque les membres de la famille, comme une mère, des frères et sœurs et parents proches comprennent et reconnaissent la pathologie d'un trouble de la personnalité comme psychopathe. Afin d'arrêter et d'éviter la répétition des incidents qui se sont produits dans cet écrivain, un type d'intervention doit être fait de manière à exposer ce frère aîné de la maladie.

Si la résolution des conflits, la capacité de voir l'autre côté de la réalité est ce qui va nous sauver des attaques d'un psychopathe; Donc ils sont et pas si ils essaient de représenter, même par les membres de la famille que nous aimions je ne pense pas que ça va résoudre ce conflit sans votre aide. Le présent est important, le passé est passé, mais nous devons travailler sur les traumatismes passés pour être une meilleure personne pour la société d'aujourd'hui. Une fois que nous arrivons à la réalisation de ce qui nous est arrivé, nous ne pouvons plus nous blesser. Il est temps de récupérer et de devenir le nouveau.

Résolution après le traumatisme.

Après le traumatisme diminue dans le passé, il ne constitue plus un obstacle à l'intimité. À ce stade, la victime n'est plus La victime, mais elle est devenue une nouvelle victime. Les relations à l'avenir sont positives et nous devons être disposés à établir avec l'énergie et les idées nouvelles. Si la victime a été impliquée dans

une relation pendant le processus de rétablissement, il devient plus facile de passer par le processus. Mon partenaire m'a beaucoup aidée avec mon traumatisme.

La résolution du traumatisme n'est jamais définitive, et elle ne finit jamais; La récupéra tion n'est jamais terminée. L'impact d'un événement traumatique continuera d'être effectué par le survivant et le cycle de vie. Tout dépend de si le survivant de trouver de l'aide pour récupérer, mais ce qui est le plus important dans la recherche de la paix et la compréhension de ce qui s'est passé. Les conflits qui ont mûri suffisamment dans une phase de récupération s'arrêtera et récurrents disparaîtront, mais la raison de la création de ce livre est d'aider les victimes à trouver une solution. Bien qu'il soit vrai que beaucoup d'entre nous ont des souvenirs traumatisants, mais il y a un temps dans nos vies que nous pouvons dire: «aujourd'hui, je vais cesser de souffrir; Aujourd'hui, je ne vais plus pleurer. "aujourd'hui, c'est mon heure d'être heureux." Pardonnez-vous et créez une nouvelle vie pour vous Aujourd'hui. Nous ne pouvons pas permettre aux souvenirs de chasser, ou leur permettre de nous faire sentir malheureux. Qui sont les chefs de nos vies, et nous avons le pouvoir de changer les gens que nous sommes. Aujourd'hui est le jour de se sentir bien dans votre peau, d'être vous et d'accepter les autres comme ils sont. Nous devons nous répéter que nous sommes bien, nous ne sommes plus les victimes, nous sommes les survivants, et nous sommes ici sur cette terre pour endurer les traumatismes, apprendre d'eux, et aller de l'avant. Je comprends que parfois il n'est pas facile de passer, mais vous devez le faire afin de survivre et avoir une vie meilleure que la vie de la personne qui l'abuse. Bien que la résolution n'est jamais totale, il est souvent suffisant pour moi en tant que survivant de mon attention à la tâche de la vie ordinaire.

Traumatisme et rétablissement

Selon le cahier de trauma et de rétablissement les phases suivantes doivent être suivies et toutes sont interconnectées. Il n'y a pas d'ordre dans la façon dont ils gèrent ces étapes, mais il est vrai que Survivor passe par certaines de ces étapes. Un Il peut venir avant l'autre, il n'y a aucun ordre dans la manière d'administrer nos sentiments et victimisation. La partie la plus importante du processus est d'être reconnaissant pour votre vie actuelle et les changements que vous avez fait et ordonné pour ce que vous avez maintenant, qui est la partie du système de récupération.

1) Les symptômes psychologiques du syndrome de stress post-traumatique ont été gérables ou inexistants

2) Capable de contrôler les sentiments associés au stress post-traumatique ou à l'abus, etc.

3) La personne a le pouvoir d'administrer ses souvenirs, et de décider quand effectuer et le temps de se cacher dans le côté

4) L'estime de soi a été restaurée = ce doit être un travail quotidien, il est l'un des plus difficiles à récupérer.

5) L'importance de la relation a été établie ou restaurée.

6) La personne a reconstitué un système cohérent de sens et de croyance qu'elle englobe l'histoire du traumatisme.

7) Ma théorie: changer d'avis, changer votre façon de penser vous aidera à changer votre être positif et ne pas avoir peur d'être vous-même.

Références:

Cleckley, H. (1988). *Le masque de la santé mentale*, Augusta, Géorgie: Hervey Milton.

Grondahl, P. (2006, 13 août). *Porco l'a qualifié de tueur psychopathe.* . Extrait le 10 juillet 2012, Union: http://www.timesunion.com/AspStories/Story.asp?storyid=508011&Category=PORCO&BCCode=&newsdate=9/9/2009.

Hare, R. (1999). *Sans conscience: le monde inquiétant des psychopathes parmi nous.* Nueva York: Guilford Press.

Hare, R. (2003). *Manuel technique de la liste des psychopathes révisée 2ème éd.,* New York : Systèmes de santé multiples.

Karp, B. (1941). *Quant à la nécessité de séparer le psychopathe dans deux différents sous-types cliniques: le symptomatique et idiopathique.* Journal of Criminal psychopathologie, 3, 112-137.

Luck, D. T. (1995). *Personnalités antisociales,* Hillsdale, NJ: Lawrence Erlbaum Associates.

Neumann, C. (2007). La nature Super coordonnée de la liste révisée psychopathe. *Journal des troubles de la personnalité*, 21 (2), 102-117.

Pearson, P. (1998). *Quand elle avait tort: comment et pourquoi les femmes avec un assassiner*, Vintage, Canada: catalogage de données Canada en publication.

Sin, S. (1984). *Dans l'esprit criminel*, Times Books.

Scott, R. G. (2008, 5 Abril). *Pour guérir les conséquences tragiques de la maltraitance.*Extrait le 14 juillet 2012, de l'église de Jésus-Christ des Saints des derniers jours: http://www.LDS.org/General-Conference/2008/04/to-Heal-The-Shattering-Consequences-of-Abuse?lang=eng.

Shohov, S. (2002). *Progrès dans la recherche en psychologie*, volume 15, Hauppauge, Nueva York: Nova Science Publisher, Inc.

Van Dam, C. (2006). *Les agresseurs d'enfants socialement qualifiés*. Nueva York: Haworth Press, Inc.

FIN